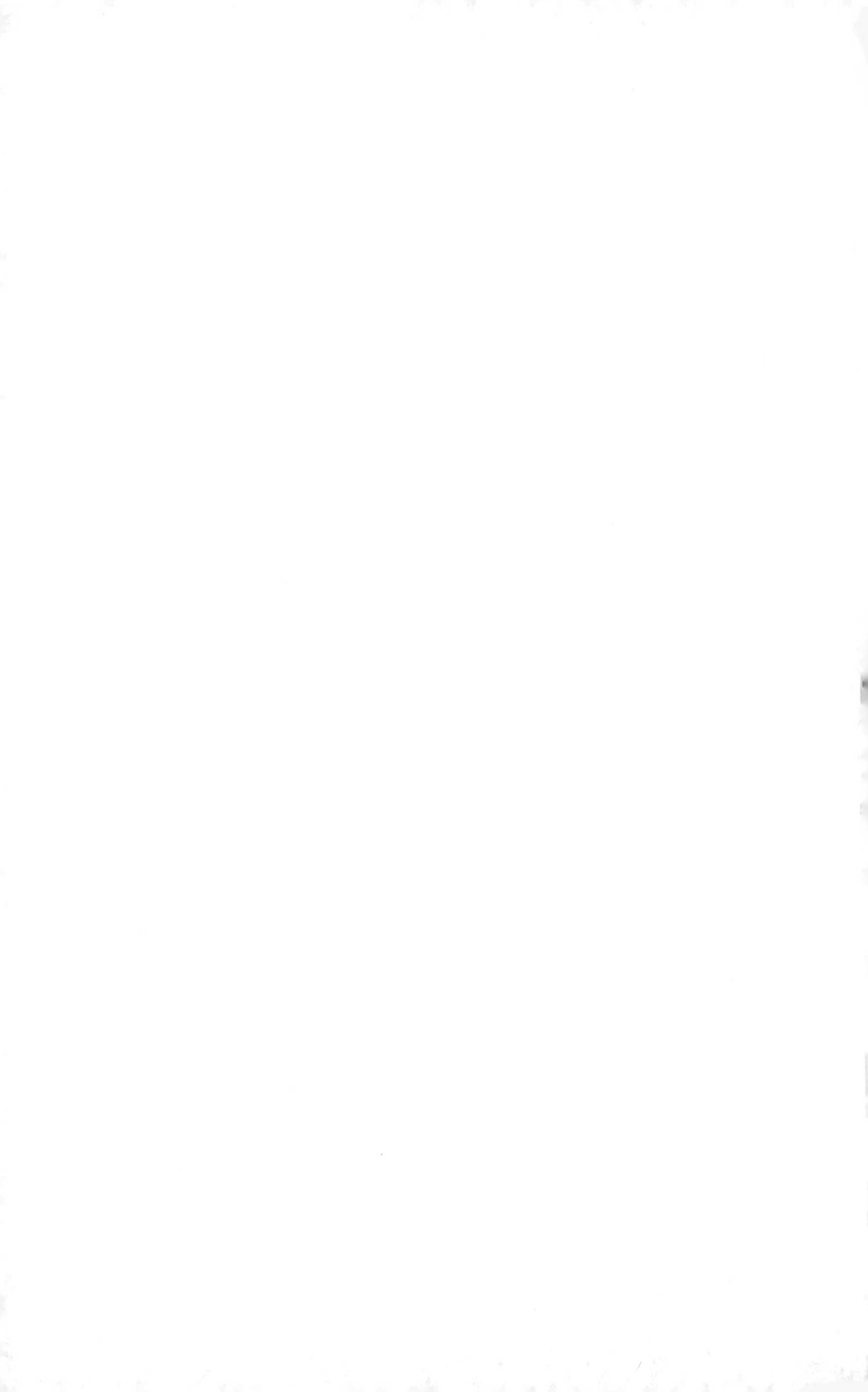

VENTE DU LUNDI 16 FÉVRIER 1891

HOTEL DROUOT, SALLE Nº 4

OBJETS DE LA CHINE & DU JAPON

JADES

Céramique — Laques

OBJETS VARIÉS

ÉTOFFES ET KAKÉMONOS

EXPOSITION PUBLIQUE

LE DIMANCHE 15 FÉVRIER 1891

De 1 heure à 5 heures 1/2

Mᵉ PAUL CHEVALLIER	M. CHARLES MANNHEIM
COMMISSAIRE-PRISEUR	EXPERT
10, rue de la Grange-Batelière, 10	7, rue Saint-Georges, 7

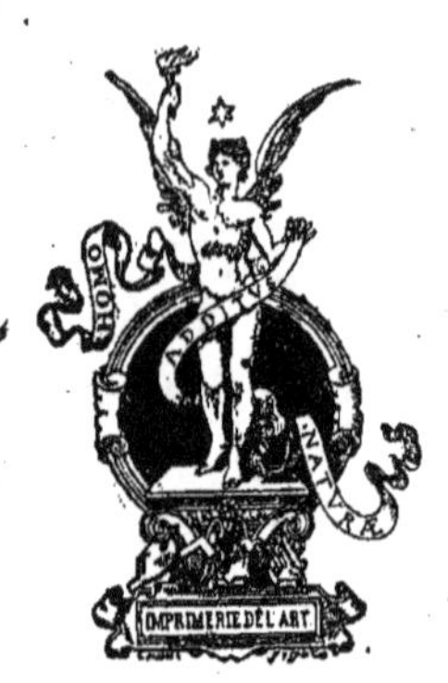
IMPRIMERIE DE L'ART

CATALOGUE

DES

OBJETS DE LA CHINE ET DU JAPON

JADES

CÉRAMIQUE, LAQUES

OBJETS VARIÉS

ÉTOFFES ET KAKÉMONOS

DONT LA VENTE AURA LIEU

HOTEL DROUOT, SALLE N° 4

Le Lundi 16 Février 1891

A DEUX HEURES

Mᵉ PAUL CHEVALLIER	**M. CHARLES MANNHEIM**
COMMISSAIRE-PRISEUR	EXPERT
10, rue de la Grange-Batelière, 10	7, rue Saint-Georges, 7

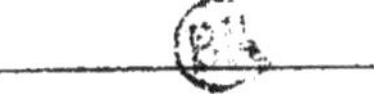

EXPOSITION PUBLIQUE

Le Dimanche 15 Février 1891, de 1 heure à 5 heures 1/2

CONDITIONS DE LA VENTE

La vente sera faite au comptant.

Les Acquéreurs paieront, en sus des adjudications, *cinq pour cent*, applicables aux frais.

L'Exposition mettant les acquéreurs à même de se rendre compte de l'état et de la nature des objets, il ne sera admis aucune réclamation une fois l'adjudication prononcée.

Paris. — Imprimerie de l'Art, E. Ménard et Cie, 41, rue de la Victoire.

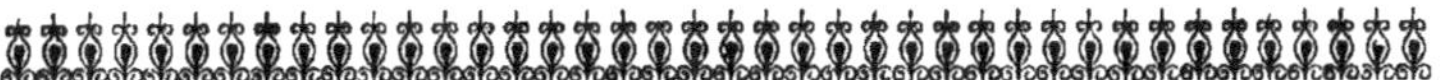

DÉSIGNATION DES OBJETS

JADES

1 — Grande théière couverte, à anse et goulot, en jade gris de la Chine, à décor de personnages et feuillages en haut-relief; bouton du couvercle ajouré.

2 — Vase quadrilatéral, à deux anses, en jade gris de la Chine, à décor gravé; couvercle en bois avec bouton de jade gris ajouré.

3 — Statuette en jade gris de la Chine : personnage monté sur un bélier.

4 — Chandelier à deux lumières, en jade vert de la Chine, gravé, à décor de feuillages; turquoises incrustées dans la base.

5 — Poignard à manche de jade vert gravé, à décor de feuillages; lame en damas; fourreau de velours avec garnitures de cuivre.

6 — Petit vase-balustre aplati, avec couvercle en jade gris verdâtre de la Chine à feuillages gravés.

7 — Branche fleurie en jade gris de la Chine. Socle en bois.

8 — Théière couverte, à long goulot, en jade gris de la Chine gravé à lambrequins. Socle en bois.

9 — Petite coupe double, en jade gris de la Chine, formée de deux feuilles d'eau réunies par des branchages en ronde bosse. Socle en bois.

10 — Petit pot de toilette couvert, de forme cylindrique, en jade verdâtre de la Chine, à décor gravé. Socle en bois.

11 — Sceptre de mandarin en jade gris de la Chine, à décor de chauve-souris et pois en léger relief.

12 — Théière sur piédouche élevé, avec goulot, anse et couvercle en jade gris de la Chine, à décor gravé : feuillages, oiseaux et inscriptions.

13 — Petit porte-bouquet à trois récipients, en jade vert foncé de la Chine, formé de vases, de feuillages et d'oiseaux. Socle en bois.

14 — Petite coupe en jade gris de la Chine, accostée de trois petits personnages en ronde bosse ; au fond, inscriptions gravées. Socle en bois.

15 — Petite coupe en jade gris de la Chine, en forme de feuille d'eau, avec branchages ajourés. Socle en bois.

16 — Petit porte-bouquet en jade gris de la Chine, en forme de fleurs, avec branchages ajourés. Socle en bois.

17 — Deux gobelets en jade de la Chine, l'un gris ; l'autre vert foncé.

18 — Deux petites coupes en forme de feuille d'eau, en jade de la Chine, l'une grise, l'autre verdâtre.

19 — Petite coupe couverte en cristal de roche incolore, affectant la forme d'un fruit, avec branchages et souris. Travail chinois.

20 — Fragment de cristal de roche incolore simulant les flots de la mer. Travail chinois. Socle en bois.

21 — Cinq petites coupes à anses en agate grise, en forme de calices de fleurs. Travail chinois.

22 — Petit groupe d'animaux en pierre de lard jaunâtre.

LAQUES

23 — Divinité japonaise en bois laqué et doré, sur un piédestal également doré.

24 — Grande boîte de voyage, octogone, en laque noir, avec ornements laqués or, sur socle et avec cordelière.

25 — Grande boîte ronde laquée noir et or.

26 — Boîte en laque avec plateau intérieur.

27 — Boîte (séchoir de cigares) carrée, laquée noir et or.

28 — Boîte écritoire laquée noir, ornée de poissons en laque brun et or, en relief.

29 — Théière en laque.

30 — Très grande boîte à châle, en laque.

31 — Boîte à châle, ornée de grappes de raisins, en laque colorée, avec plateau intérieur.

32 — Boîte à gants en laque noir et or, intérieur aventuriné.

33 — Socle carré en laque noir et or.

34 — Socle carré en laque noir et or.

35 — Petit cabinet en laque.

CÉRAMIQUE CHINOISE ET JAPONAISE

36 — Gourde à deux renflements en porcelaine de Chine : branches fleuries en couleurs sur fond noir. Socle en bois.

37 — Flacon cylindrique à goulot étroit en poterie du Japon : branches fleuries et carrelage.

38 — Jardinière hexagone en poterie du Japon : armoiries et inscriptions en couleurs.

39 — Vase de forme aplatie en porcelaine blanche de Sdzushi, à décor de feuillages gaufrés sous couverte.

40 — Bouteille à panse carrée et col étroit en vieux Chine, famille rose : rinceaux et chauves-souris.

41 — Vase bursaire à deux anses têtes de cerfs en porcelaine de Chine émaillée brun.

42 — Deux gourdes plates à triple goulot en porcelaine de Chine : décor de fleurs et papillons dessinés au trait sur fond vert pâle.

43 — Gourde à double renflement en porcelaine blanche de Chine gravée sous couverte. Socle en bois.

44 — Cornet cylindrique avec renflement médian en porcelaine de Chine : palmettes, attributs et rinceaux.

45 — Vase à col évasé en poterie du Japon ; décor géométrique en couleurs.

46 — Vase aplati à double renflement en vieux Chine, famille rose : chauves-souris.

47 — Jardinière carrée en poterie du Japon : paysages et inscriptions en brun.

48 — Bouteille en porcelaine blanche de Chine à décor gravé sous couverte : rinceaux et chauves-souris.

49 — Grand vase ovoïde en grès brun de la Chine : inscriptions et dragons en léger relief.

50 — Potiche en ancienne porcelaine de Chine, famille rose, avec couvercle ; le décor représente un jeu d'enfants.

51 — Deux potiches en ancienne porcelaine de la Chine avec couvercle, décorées bleu et blanc d'un paysage avec cerfs.

52 — Potiche, famille verte avec couvercle, le décor sur la panse représente une promenade de mandarins ; au dessous, une bande de papillons et fleurs sur fond vert pointillé noir.

53 — Deux beaux cornets en ancienne porcelaine de la Chine bleu et blanc, décor paysages.

54 — Pot à gingembre céladon gaufré avec couvercle.

55 — Cornet bleu et blanc : paysages.

56 — Grand tabouret forme tonneau en céladon alternant avec un décor à rinceaux bleu et blanc.

57 — Deux petits vases carrés en bleu fouetté à poissons rouges rehaussés d'or.

58 — Deux gargoulettes rouge sang de bœuf.

59 — Grand vase à fond amarante avec réserve, décoré en couleurs de fleurs et d'oiseaux.

60 — Grande bonbonnière en porcelaine du Japon, rouge, bleu et or.

61 — Deux chandeliers de forme conique en vieux Chine, famille rose : attributs sur fond rouge-orangé.

62 — Vase cylindrique légèrement renflé à col court en porcelaine de Chine émaillée rose violacé.

63 — Vase-balustre en porcelaine de Chine émaillée rouge lie de vin.

64 — Bouteille en céladon turquoise truité.

65 — Petite bouteille en porcelaine de Chine émaillée à l'imitation du bronze noir.

66 — Potiche ovoïde non couverte en porcelaine de Chine, famille verte : animaux et pendentifs.

67 — Deux potiches ovoïdes non couvertes en vieux Chine, famille verte : fong-hoang et feuillages.

68 — Deux potiches couvertes ovoïdes en vieux Chine, famille verte : Femmes et Enfants.

69 — Potiche ovoïde non couverte en vieux Chine : chauves-
souris et nuages.

70 — Potiche ovoïde couverte en vieux Chine : scènes fami-
lières dans un paysage.

71 — Deux potiches ovoïdes non couvertes en vieux Chine;
décor bleu de paysages et animaux.

72 — Potiche ovoïde non couverte en vieux Chine; décor
bleu de paysages et cours d'eau.

73 — Potiche ovoïde non couverte en vieux Chine : décor
bleu de personnages et guerriers.

74 — Potiche ovoïde couverte en vieux Chine; décor bleu
de branches fleuries.

75 — Cornet en vieux Chine; décor bleu de branches fleuries
et oiseaux.

76 — Deux cornets en vieux Chine; décor bleu de paysages
et animaux.

77 — Cornet en porcelaine de Chine; décor bleu à réserves
de personnages sur fond bleu quadrillé.

78 — Vase ovoïde allongé en vieux Chine, famille verte;
compartiments de branches fleuries et oiseaux.

79 — Vase-rouleau en vieux Chine, famille verte : Jeux de
guerriers.

80 — Deux vases quadrilatéraux en vieux Chine, à fond bleu
soufflé, avec poissons en rouge sur l'un d'eux.

81 — Vase-rouleau en vieux Chine ; décor bleu de paysage animé.

82 — Bouteille piriforme en vieux Chine ; décor bleu de dragons.

83 — Cinq vases cylindriques légèrement renflés, en porcelaine de Chine ; fleurs réservées sur fond bleu caillouté.

84-85 — Six vases de même forme que les précédents, en porcelaine de Chine ; compartiments d'attributs sur fond caillouté bleu.

86 — Trois vases de même forme que les précédents, en porcelaine de Chine ; décor bleu de dragons, oiseaux et jonques.

87 — Cinq jardinières cylindriques en porcelaine de Chine ; décor bleu de paysages avec rehauts de rouge sur l'un d'eux.

88 — Deux petits animaux couchés en porcelaine de Chine ; l'un émaillé blanc, l'autre au naturel.

89 — Quatre couvercles, dont trois en porcelaine de Chine, et un en porcelaine du Japon.

90 — Trois pièces en porcelaine de Chine, à décor bleu : personnages, paysages et inscriptions ; vase, pitong et jardinière.

91 — Sept bols en porcelaines de Chine et du Japon ; décor bleu, jaune, rouge et or, et famille rose de rinceaux et personnages.

92 — Trois pièces en porcelaine de Chine émaillée rouge haricot: bouteille, vase ovoïde et vase cylindrique.

93 — Six pièces en porcelaine de Chine émaillée bronze, lie de vin et rouge haricot ; quatre bouteilles, vase quadrilatéral et petite jardinière rectangulaire.

94 — Deux pièces en porcelaine de Chine : bouteille émaillée bronze et vase émaillé rouge vermillon.

95 — Six pièces en céladon gris et verdâtre : bouteilles, gourde et vase; décor gravé de rinceaux.

96 — Deux bouteilles en porcelaine de Chine flambée violet.

97 — Cinq pièces en porcelaine de Chine : deux pitongs, vase quadrilatéral et deux petits vases; paysages et inscriptions.

98 — Cinq pièces : l'une bleu soufflé, les autres en céladon bleu et verdâtre ; bouteille et quatre vases.

99 — Six pièces en porcelaine de Chine : théières, vases et coupes; décor de dragons, de fleurs, bleu uni, et simulant le bois.

100 — Huit pièces en porcelaine de Chine et poterie du Japon : groupe, théière, cornet à décor bleu, bol orné d'un dragon, chien de Fô, pitong simulant une feuille et deux plateaux.

101 — Trois pièces en porcelaine de Chine : gourde émaillée rouge vermillon, petit vase émaillé lie de vin et théière couverte en forme de fruit en céladon turquoise truité.

102 — Deux pièces : petit vase en porcelaine de Chine, à
décor de pendentifs en couleurs, et petite bouteille en céladon turquoise truité de la Chine.

103 — Deux pièces : petit pitong en porcelaine de Chine
émaillée jaune avec réserves contenant des paysages et
inscriptions en brun, et petit cornet émaillé bronze à
décor bleu en relief.

104 — Trois pièces : deux petits bols en céladon gris craquelé à décor de personnages en couleurs, et perruche
en poterie japonaise émaillée au naturel.

105 — Petit vase-balustre à pans, en porcelaine de Chine
émaillée rouge vermillon.

106 — Trois petites bouteilles en porcelaine de Chine ; l'une
en céladon gris craquelé, les deux autres émaillées bleu
empois.

107 — Quatre pièces en céladon turquoise truité de la Chine :
flacon à thé, bouteille et deux petits vases.

108 — Sept pièces en porcelaines de Chine et du Japon : six
petites tasses et une théière couverte à décor bleu de dragons et de branches fleuries.

109 — Cinq pièces en porcelaine de Chine : trois petites
bouteilles émaillées jaune, brun et turquoise, et deux
petits vases, l'un vert, l'autre gros bleu.

110 — Deux plats en porcelaine du Japon, à fond rouge : paysages et oiseaux.

111 — Onze assiettes en porcelaine du Japon : rosaces et
compartiments.

OBJETS VARIÉS

112 — Petit cabinet rectangulaire en bois, avec ornements de bronze appliqués, représentant des guerriers, des animaux et des inscriptions; il contient de nombreux tiroirs. Travail japonais.

113-114 — Dix-sept peintures japonaises sur étoffe : sujets mythologiques, animaux, personnages et portraits.

115 — Sept pièces : éventail et six ronds de serviettes en ivoire laqué.

116 — Trois pièces : deux boîtes en laque noir à décor laqué or et plateau octogone laqué avec incrustations de nacre. Travail japonais.

117 — Plateau à bords relevés en écaille laquée : oiseaux. Travail japonais.

118 — Horloge carrée en bronze du Japon; décor de rinceaux.

119 — Sept pièces en étain : un brûle-parfums et trois paires de chandeliers forme balustre. Travail japonais.

120 — Deux petites étagères japonaises en bois sculpté.

121 — Lot de socles en bois sculpté.

ÉTOFFES ET KAKÉMONOS

122 — Robe japonaise fond soie violette : fleurs, oiseaux, papillons peints et brodés.

123 — Robe japonaise fond soie noire : fleurs, oiseaux peints et brodés.

124 — Robe japonaise crêpe de Chine vert, peinte et brodée de fleurs.

125 — Trois pièces : deux panneaux longs fond bleu pâle avec fleurs noires, bordure dorée et un panneau large avec lambrequin analogue.

126 — Carré de soie bleu pâle brodé d'une insigne blanche.

127 — Carré de soie écrue brodé : fleurs et oiseaux.

128 — Carré de soie bleu pâle brodé : trois personnages.

129 — Carré de soie bleu marine : jeu de cartes.

130 — Carré de soie bleu marine : carpe.

131 — Carré de soie fond rose : pagode peinte.

132 — Quatorze robes chinoises en velours violet ciselé ; l'une d'elles avec parement brodé de soie de couleurs.

133 — Deux pièces : coupon de velours violet analogue aux robes précédentes, et tenture en satin de Chine noir brodé en couleurs et dorure à fleurs et caractères d'écriture.

134 — Six pièces : quatre kakémonos : animaux, et paire de pantoufles en soie, brodées.

135 — Kakémono : faucon et fleurs.

136 — Kakémono de temple : lettres en or sur fond soie rouge.

137 — Kakémono chinois : bataille de coqs et personnages.

138 — Kakémono sur fond soie gris bleu : branches d'avoine et deux perdrix brodées. La bordure est en toile de Jouy.

139 — Kakémono : grue et fleurs.

140 — Kakémono chinois : guerrier à cheval.

141 — Kakémono : faucon sur perchoir ayant les pattes attachées par une cordelière rouge.

142 — Kakémono : hibou sur branche, avec vol d'oiseaux.

143 — Kakémono : lapin blanc mangeant des fleurs et feuilles de pêcher.

144 — Kakémono : faucon noir sur une branche d'érable rouge.

145 — Kakémono : pavot rouge entouré de volubilis et fleurs de pêcher.

146 — Kakémono : jardinière avec fleurs, oiseau et lune rouge.

147 — Kakémono : faucon sur branche avec fleurs de pêcher.

148 — Kakémono : homme à genoux près d'une tente ; plus haut, des Japonaises cachées derrière des arbres fleuris.

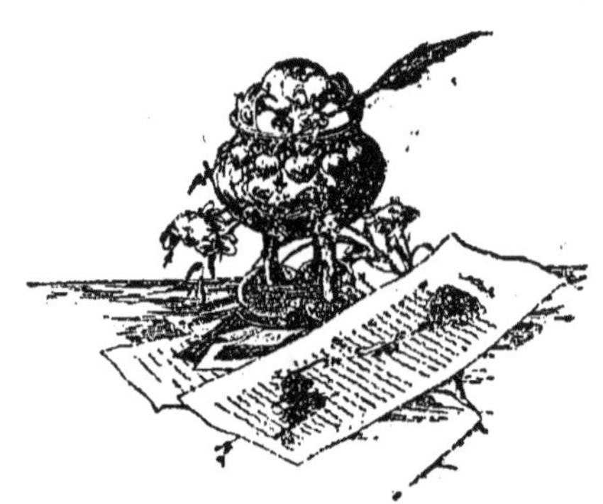